PÉTITION

POUR

LA RÉFORME ÉLECTORALE.

LONS-LE-SAUNIER,

IMPRIMERIE DE FRÉD. GAUTHIER.

1839.

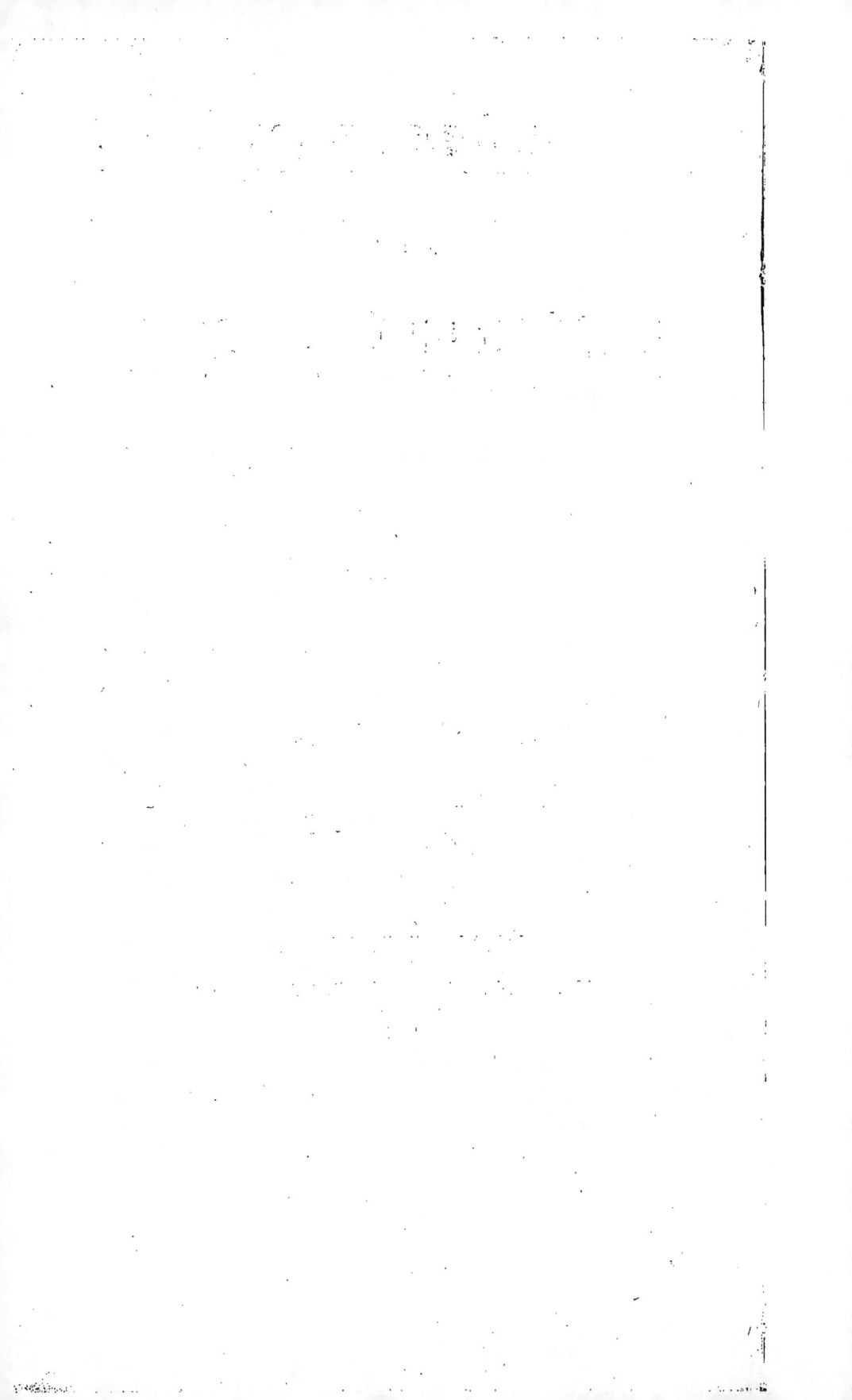

Messieurs les Députés,

Les lois d'un peuple doivent être en harmonie avec ses mœurs. Si cette harmonie n'existe pas ; si les lois sont contraires aux opinions nationales, aux principes gravés dans tous les esprits, leur exécution devient impossible ; la résistance aux lois se manifeste bientôt et produit les révolutions.

Les mœurs sont essentiellement variables et progressives. Il est donc important que le législateur imprime aux institutions publiques, le mouvement imprimé aux mœurs dans la société. Il doit chercher l'esprit général de la nation, l'idée qui la domine, le principe autour duquel elle gravite, afin de faire subir aux lois les améliorations nécessaires.

Aujourd'hui, Messieurs les Députés, le principe social qui domine en France, l'idée à laquelle elle a foi, le sentiment qui est sa vie, c'est l'égalité.

L'égalité, conquête du christianisme et de nos révolutions, résumé de tout ce que la nation veut, renferme en soi tous les progrès. Liberté civile ; liberté des cultes ; liberté de la presse ; liberté de l'enseignement ; liberté de l'industrie ; justice et protection pour tous devant la loi ; gouvernement de la nation par la nation ; c'est toujours l'égalité. Proportionnalité de l'impôt ; abolition des titres et priviléges ; haine profonde pour toute domination autre que celle de la loi ; horreur pour le système des faveurs et le scandale des corruptions ; antipathie pour ce luxe effréné qui, dans les hautes régions de la société, multiplie les besoins de l'homme et remplace souvent chez lui les sentiments nobles et élevés par l'égoïsme et le vil amour de l'argent ; tout cela, véritable expression des vœux, de la pensée, de l'opinion de la France, c'est encore l'égalité.

Or, Messieurs les Députés, tous les bons esprits, les hommes sages et prudents qui veulent à la fois l'ordre et l'accomplissement progressif de tout ce qui est fondé sur la justice, la vérité et la raison, sentent depuis long-temps que la loi électorale, notre première loi politique après la Charte, blesse profondément le sentiment d'égalité : en ce sens, que des citoyens qui offrent des garanties d'une capacité électorale au moins égale à celle des électeurs actuels, ne jouissent cependant pas des droits électoraux.

Donc il est urgent de réviser la loi électorale.

La Charte de 1830, ce contrat solennel présenté par la chambre élective, c'est-à-dire par la nation, au prince qui l'a accepté comme condition de son avènement au pouvoir, est loin de s'opposer à la réforme électorale. Les législateurs de 1830, prévoyant que la loi électorale exigerait des améliorations successives, n'ont pas voulu, comme l'avait fait Louis XVIII, dans sa Charte octroyée, exprimer, dans la Charte amendée, les conditions d'électorat et d'éligibilité. Aussi la Chambre des Députés a-t-elle pu, sans déroger à la Charte, modifier, en 1831, la dernière loi électorale de la Restauration, détruire le double vote, abaisser le cens à 200 francs, et établir des garanties contre les fraudes électorales. Elle rejeta, il est vrai, à une faible majorité, la proposition du Gouvernement qui conférait les droits électoraux à la plupart des professions libérales. Mais il fut exprimé par ceux qui s'opposèrent le plus à l'extension du droit électoral, que la loi nouvelle pourrait être révisée, afin de la mettre peu à peu en harmonie avec les mœurs nationales et les principes de la révolution.

Convaincu, Messieurs les Députés, qu'une réforme électorale est nécessaire, qu'elle est réclamée par nos mœurs, qu'elle a été prévue par la Charte et par les Chambres, je demande que la Chambre des Députés, prenant l'initiative sur cette importante question, s'occupe, pendant cette session, de réviser la loi électorale; j'ose même lui soumettre quelques réflexions sur la réforme à opérer.

Et d'abord, le système du suffrage universel me semble devoir être rejeté. Il est certain que tout Français a le droit d'être électeur, s'il offre à la société les garanties de capacité qu'elle a le droit d'exiger de lui. L'électeur doit être capable de comparer les aptitudes et les positions diverses des candidats, d'apprécier leur mérite, leur dévouement au bien public, leur indépendance. Son caractère moral développé en même temps que son intelligence, doit le mettre à l'abri des séductions. Or, n'est-il pas manifeste qu'un grand nombre de citoyens français ne possèdent pas ces qualités essentielles de l'électeur, qui se résument en deux mots, l'intelligence des droits politiques et la volonté de les exercer librement ?

Lorsque l'instruction aura pénétré les masses ; lorsque la plupart des citoyens se seront approprié les idées constitutionnelles, je pense qu'on devra étendre le droit électoral à tous, parce que la grande majorité étant éclairée, pourra en faire un usage libre et utile. Mais les progrès intellectuels d'une certaine classe du peuple seront lents, il faut du temps pour s'instruire, et l'homme qui travaille de ses mains pour gagner son pain et celui de sa famille, a peu de loisir : le travail limite le développement de l'intelligence. Espérons toutefois que ces hommes qui sont nos frères, qui ont les mêmes droits que nous, pourront, sous l'influence favorable de nos institutions, recevoir bientôt une large instruction, aux frais de l'état. Mais quelque éloignée que puisse être l'époque de leur émancipation, tant qu'ils ne comprendront pas notre organisation politique, et spécialement les fonctions de Député, on doit, dans l'intérêt général, leur refuser la jouissance des droits électoraux.

Par les mêmes motifs, on ne peut admettre le système qui rendrait tout garde national électeur. Ce système, en effet, rentre à peu près dans le premier. D'ailleurs, le service de la garde nationale et les fonctions d'électeur-juré supposent des aptitudes très différentes. La vigueur du corps et le patriotisme français suffisent au garde national dont le service consiste à manier un fusil, à monter la garde, à protéger l'ordre et la liberté, à défendre le territoire de la patrie. Chez l'électeur-juré, l'instruction doit s'unir à l'indépendance et au courage civil. S'il est probable que, dans les villes et surtout à Paris, la plupart des gardes nationaux sont capables d'être électeurs, il n'en est pas ainsi dans les communes rurales. Nos laboureurs ne comprennent pas même l'importance de l'institution de la garde nationale. C'est avec peine qu'on les arrache au travail agricole pour un service qu'ils croient inutile. Puisqu'ils ne veulent pas être gardes nationaux, comment pourrait-on leur faire un titre à l'électorat, de l'inscription de leurs noms sur un registre matricule?

Enfin, en adoptant l'un de ces deux systèmes, la loi devrait nécessairement recourir à deux degrés d'élection. Or, le citoyen ne participe réellement au pouvoir que par l'élection directe, d'où il résulte une certaine responsabilité politique.—S'il a un grand intérêt à nommer un Député, il met peu d'importance au choix des électeurs. Pendant la Révolution, on fut obligé de payer les citoyens pour les attirer dans les assemblées primaires. Qu'on se défie de l'élection à deux degrés, tant que l'instruction, brisant tous les préjugés, n'aura pas soustrait les hommes à certaines influences dangereuses, pour les soumettre au seul ascendant des vertus morales et du vrai mérite.

M. de Villèle disait, en 1820 : « Ou élevez le cens, ou « faites-le descendre; ou n'admettez que les grands proprié- « taires, ou faites concourir les propriétaires inférieurs ; et « alors les grands propriétaires conserveront leur utile in- « fluence. » Serait-il prudent de baser aujourd'hui la loi sur un principe que défendaient les partisans de l'ancien régime, que repoussaient avec énergie Jobez, Benjamin Constant, Foy, Royer-Collard?

Il faut se garder de livrer la direction de la société à l'ignorance et à l'intrigue ; ce serait retourner à l'anarchie et au despotisme. Le règne des idées est venu, qu'on gouverne par les idées! qu'on donne droit et puissance à l'intelli-

gence ! C'est une nécessité de l'époque ; c'est le vœu de la nation et ce qu'elle attend de vous , Messieurs les Députés.

Voici actuellement les principes qui me semblent devoir guider le législateur dans la révision de la loi électorale.

1.

L'instruction étant un moyen d'influence aussi puissant que la fortune, et l'influence réelle des citoyens devant être la mesure de leur influence légale et représentative , on ne peut plus attribuer exclusivement à l'impôt les droits électoraux.

Le cens électoral n'a été considéré par les publicistes que comme une garantie de capacité, celle-ci devenant la garantie de l'ordre dans l'état. Mais si une certaine fortune fait présumer la capacité , si elle prouve qu'on a pu acquérir de l'instruction, n'est-il pas évident qu'il y a certitude de capacité et d'instruction , chez ceux qui remplissent certaines fonctions, qui occupent certaines positions dans la société ? N'est-il donc pas souverainement injuste de les supposer incapables , indignes de l'électorat ? N'est-ce pas froisser le principe d'égalité ?

L'électeur à 200 francs, qui quelquefois quitte sa charrue pour aller donner son suffrage, ne conçoit pas que l'avocat et le notaire qui ont sa confiance ; le juge qui prononce sur de si graves intérêts ; le juré qui, par l'appréciation souvent très difficile des faits, décide de la liberté et de la vie des hommes ; le médecin à qui il confie sa vie; les professeurs qui dirigent l'éducation de ses enfants; les officiers qui ont versé leur sang pour la patrie; il ne conçoit pas, dis-je , que ces citoyens, et tant d'autres qui lui sont évidemment supérieurs par leur position sociale et leur capacité, ne soient pas électeurs.

Le Gouvernement lui-même a adopté ce premier principe. « Un gouvernement né des progrès de la civilisation, est-il « dit dans l'exposé des motifs du projet de loi électorale de « 1831, doit à l'intelligence de l'appeler aux droits politi-« ques, sans lui demander d'autres garanties qu'elle-même.» Il ne paraît pas possible de refuser aujourd'hui à la France ce que le Gouvernement lui-même demandait en 1831.

Les membres des cours et tribunaux, les membres des chambres de commerce, des conseils des manufactures, des conseils de prud'hommes, des commissions administratives des hospices, des colléges, des écoles normales primaires, les membres et correspondants de l'Institut, les officiers su-périeurs de l'armée, les officiers retraités, les officiers de la garde nationale, les membres des universités, recteurs, ins-pecteurs, professeurs des colléges royaux, les élèves de l'é-cole polytechnique, les avocats inscrits au tableau, les doc-teurs des facultés de médecine, des sciences et des lettres, les notaires et les avoués, les suppléants des juges de paix et les greffiers des tribunaux, les maires des chefs-lieux de canton, les employés supérieurs de toutes les administra-tions, directeurs, inspecteurs, vérificateurs, etc., etc., doi-vent être portés de droit sur les listes électorales.

2.

Les droits électoraux ne doivent dépendre que de la posi-tion des citoyens ; si cette position ne change pas, ils ne doivent pas être altérés ; donc le cens électoral ne peut être basé sur les contributions.

L'impôt varie comme les besoins généraux de l'état, comme les besoins spéciaux des départements et des com-

munes, qu'une foule de circonstances font sans cesse chan-
ger. Les Chambres augmentent, ou diminuent, ou modi-
fient l'impôt; la Chambre élective peut même le refuser.
Toutes ces variations de l'impôt déplacent continuellement
la limite des capacités électorales, sans qu'il y ait mutation
des propriétés ou diminution des revenus.

Un citoyen paie 201 francs de contributions directes en
1838 ; il est électeur. En 1839, les Chambres votent quelques millions de moins qu'en 1838 ; ou bien, elles diminuent seulement telle contribution pour augmenter telle
autre; il en résulte que cet électeur, dont la position de fortune n'a pas changé, ne paie plus que 199 francs : sa capacité électorale disparaît.

Aujourd'hui qu'on admet, avec raison, dans le cens électoral, la valeur des prestations pour chemins vicinaux, le
droit d'un grand nombre d'électeurs dépend, chaque année,
des administrateurs des communes ; suivant que les maires
sont exacts ou négligents, qu'ils sentent ou non l'importance
des communications faciles et la nécessité des rôles de pres-
tation, on peut être ou ne pas être électeur.

Ces observations, auxquelles il serait facile de donner plus
de développement, démontrent que le cens électoral ne peut
être exprimé par l'impôt.

Le revenu réel ou la valeur réelle des propriétés, le produit réel de l'industrie, les valeurs locatives... me paraissent
être les éléments au moyen desquels on pourrait déterminer
et rendre invariables (1) les cens électoraux.

On aurait soin toutefois d'établir un juste rapport entre les

(1) *Invariables* seulement, bien entendu, tant que la position de
fortune des électeurs ne changerait pas.

espèces diverses de revenus réels ou de valeurs réelles , afin que tous les genres de propriétés fussent proportionnellement représentés.

On pourrait aussi abaisser le cens électoral jusqu'au revenu réel (ou jusqu'à la valeur réelle), qui correspond à 100 francs d'impôt , ce revenu ou cette valeur donnant une suffisante garantie de capacité.

Je dois faire observer que ce système procurerait une économie notable sur les frais d'impression et de rectification des listes électorales.

3.

Il est indispensable de supprimer les collèges d'arrondissement et de n'avoir qu'un collège électoral par département.

La subdivision des corps électoraux favorise la corruption électorale et l'égoïsme de localité. On doit craindre que des hommes, très honorables sans doute, mais distingués seulement par leur fortune et la position de leur famille , ne luttent avec trop d'avantages, dans les élections d'arrondissement , contre les hommes d'un mérite éminent , contre les administrateurs éclairés , les notabilités départementales et les illustrations politiques.

« Il ne faut pas oublier, disait Royer–Collard à la tri-
« bune, en 1816 , Royer–Collard dont la logique est si
« éloquente, il ne faut pas oublier que les Députés étant
« élus dans l'intérêt général, le droit de les élire doit s'exer-
« cer de manière que la société retire de l'élection le plus
« grand avantage. Or , la première et la plus indispensable
« condition de la meilleure élection, c'est le rapprochement
« des électeurs et leur réunion dans un même collège. Vou-

« lez-vous que l'électeur voie tout ce qu'il doit voir et qu'il
« ne voie rien de plus? Dégagez-le de l'atmosphère locale ;
« élevez-le ; agrandissez son horizon. Voulez-vous qu'il soit
« fort contre le pouvoir et contre les partis? Donnez-lui
« des compagnons; mettez les forces en commun ; formez des
« masses. Les masses seules résistent, seules elles ont de la
« dignité, de l'autorité et ce vif sentiment des intérêts géné-
« raux, sans lequel il n'y a pas de gouvernement représen-
« tatif. »

« Le nombre des électeurs , écrivait à la même époque
« notre compatriote Courvoisier, ajoute à l'indépendance du
« collége. Moins il est nombreux, mieux la brigue l'assiége
« et l'obsède. D'une part , plus elle a d'individus à capter ,
« plus elle se trahit par les efforts qui la signalent ; et plus
« elle est réduite à se trahir, plus elle dégoûte par sa bas-
« sesse, plus elle révolte par son audace. D'autre part , la
« crainte et l'espérance sont les ressorts que la brigue met
« en jeu. Je ne parle point ici de ses dons, nos mœurs lui
« arrachent ce vil moyen , mais elle promet la faveur, elle
« montre au besoin sa vengeance. Or , plus le collége est
« nombreux, moins le ressort est efficace. L'espérance et la
« crainte s'usent en se divisant : on brave l'une , on
« dédaigne l'autre ; le mensonge trouve plus d'obstacles ,
« la vérité trouve plus d'appuis. »

Ces paroles d'un philosophe et d'un magistrat si renom-
més par leurs talents, leurs vertus et leur désintéressement ;
de deux députés qui, malgré leur dévouement à la légitimité,
ont toujours défendu nos libertés publiques, appellent toute
votre attention, Messieurs les Députés, et me semblent
prouver, d'une manière péremptoire, la vérité de ce troi-
sième principe.

Le fractionnement du corps électoral brise l'unité départe-
mentale. Chaque arrondissement ne s'occupe plus que de
ses intérêts particuliers : il se détache insensiblement de
l'intérêt général. La réunion des électeurs au chef-lieu fait
au contraire disparaître l'égoïsme local ; elle donne aux
citoyens une idée complète de la puissance électorale :
elle assure les bons choix. Elle paralyse l'influence mi-
nistérielle ; elle détruit les efforts des coteries ; elle rend
presque inutile l'achat des suffrages par des promesses. Il en
résulte que les demandes faites par les électeurs aux Députés deviennent très rares, et qu'elles ont pour objet plutôt
les intérêts publics que les intérêts privés. Dès-lors les Députés ne sont pas exposés à perdre en sollicitations un temps
précieux qui doit être intégralement consacré à leurs hautes
fonctions.

4.

Le nombre de Députés à attribuer à chaque département
doit être déterminé par une répartition du nombre total des
députés, entre tous les départements, faite en raison composée de leurs populations respectives et de leurs contributions de toute nature. C'est le seul moyen de proportionner
l'influence représentative de chaque département à son importance dans l'état. Le nombre des électeurs devrait aussi
être pris en considération. Mais, en n'ayant égard qu'à la po-
pulation et à l'impôt, il est facile de prouver que, par
exemple, le département de la Seine doit avoir 25 Députés
au lieu de 14 ; la Seine-Inférieure, 17 au lieu de 11 ; celui
du Nord, 15 au lieu de 12 ; celui de la Gironde, 11 au lieu
de 9. Et cependant Paris, Rouen, Lille, Bordeaux, sont des

centres de civilisation, de lumières, de commerce, d'industrie. Pourquoi donc refuser à ces départements le nombre des Députés auquel ils ont respectivement droit ? L'arbitraire de! la répartition actuelle des Députés, entre les départements, est donc manifeste, et il est nécessaire de l'établir d'une manière plus rationnelle (1).

5.

La loi exigeant des électeurs des garanties suffisantes, doit être moins rigoureuse qu'aujourd'hui sur les conditions d'éligibilité.

On prétend que la grande fortune d'un Député assure son indépendance ; rien n'est moins certain. L'homme le plus riche est souvent le plus ambitieux et le plus facile à corrompre. La fortune n'est pas non plus un signe de haute capacité. L'amour de l'étude, la volonté persévérante dans le travail et les recherches profondes, qui seules peuvent donner les connaissances variées nécessaires à l'homme politique, se rencontrent plus souvent dans les classes moyenne et inférieure de la société, que dans la classe opulente.

Qu'on ne craigne donc plus de revenir à ce grand principe proclamé en 1791 : « L'unique titre, le titre éternel à « l'égibilité, est et sera toujours la confiance de ceux qui « doivent être représentés. »

Que tout électeur soit éligible !

Toutefois, si, pour éviter un changement trop brusque,

(1) Le département du Jura conserverait toujours quatre Députés.

les chambres pensent devoir conserver encore un cens d'é-
ligibilité supérieur au cens électoral, que tout au moins ce
cens soit notablement abaissé, et qu'on l'exprime d'ailleurs
par le revenu réel ou la valeur réelle des propriétés. Il doit
être aussi invariable que le cens électoral.

Que le cens d'éligibilité fasse présumer l'aisance du Député ; c'est la seule condition que les chambres puissent
imposer aujourd'hui aux électeurs. Le Député qui comprend
sa noble mission, qui a de l'élévation dans l'ame, de la dignité dans le caractère, sait vivre modestement dans la
capitale, loin du luxe et des plaisirs d'une cour brillante. Il
remplit consciencieusement son mandat, et ne veut pour
récompense que l'amour de ses concitoyens et l'honneur de
se dévouer à sa patrie.

6.

Les Députés ne doivent recevoir ni traitement, ni indemnité.....

Si les fonctions représentatives sont rétribuées, les suffrages des électeurs ne seront bientôt plus brigués que pour
le traitement. On représentera son pays par spéculation.
N'arrivera-t-il pas aussi quelquefois que les électeurs, en-
traînés par un sentiment assez naturel, doteront de ce traitement le moins fortuné des candidats, qui peut ne pas être
le plus capable, le plus digne de la députation ?

Il faut d'ailleurs que le Député soit libre dans ses opinions,
dans ses votes, dans ses actes politiques. Candidat, il doit
faire une profession de foi ; Député, sa conduite parlemen-
taire sera certainement conforme aux vœux de la majorité ;
mais il doit repousser tout mandat impératif. Or, que de-

vient son indépendance , s'il accepte un traitement. Si ce traitement est une nécessité pour lui, ne voudra-t-il pas le conserver, même aux dépens de ses opinions ? N'obéira-t-il pas servilement à certaines impulsions départementales ? Ces impulsions si variables, n'ôteront-elles pas toute fixité, toute dignité à son caractère politique ?

L'égoïsme est la maladie du siècle. L'amour de l'argent, des places, des honneurs, s'est substitué dans la société aux croyances, aux idées généreuses, aux sentiments patriotiques; la corruption est, dit-on, érigée en système.... Il est temps d'arrêter le mal dans ses progrès effrayants ; il ne faut pas surtout l'aggraver. C'est ce qui arriverait inévitablement, si les places de Députés étaient une nouvelle curée offerte aux gens avides. Refuser un traitement, ou même une indemnité aux Députés, c'est éloigner de la députation les intrigants, les hommes souples et malléables qui font consister la politique dans l'art de conformer leur conduite et leurs opinions à leurs intérêts ; c'est laisser quelques chances favorables aux citoyens dont les titres à la confiance des électeurs sont des services rendus à leur pays, un chaud patriotisme, et surtout l'indépendance et le désintéressement.

7.

Les fonctionnaires publics, excepté ceux indiqués dans l'article 64 de la loi du 19 avril 1831, doivent être éligibles, sauf à étendre la catégorie de l'article 64.

La première de nos libertés est la liberté des élections. L'électeur doit être entièrement libre dans son choix ; ce choix ne doit être limité que par les restrictions écrites dans la Charte ou imposées par une évidente incompatibilité.

Il est vrai que peut-être quelques Députés parviennent difficilement à remplir d'une manière convenable leurs doubles et même leurs triples fonctions. Il est vrai que d'autres abus peuvent être la conséquence de ce principe. Mais le principe contraire conduirait à un résultat plus funeste encore. Il priverait la représentation nationale de hautes capacités parlementaires, des hommes les plus distingués dans l'ordre judiciaire, dans l'ordre administratif, dans les sciences, dans l'armée.

Qu'on laisse donc les électeurs libres d'honorer du mandat de Députés les fonctionnaires dont ils auront reconnu les talents distingués, le noble caractère, la résistance aux séductions du pouvoir. C'est aux électeurs à apprécier la moralité des candidats et à stygmatiser, par le refus de leurs suffrages, la servilité cupide et la bassesse ambitieuse. A eux la responsabilité de leurs choix.

Cependant, afin de rendre plus manifeste aux yeux de tous, l'indépendance des Députés, il me semble convenable 1.º qu'un Député ne puisse obtenir aucune place salariée, que deux ans après l'expiration de son mandat ; 2.º qu'un Député-fonctionnaire ne puisse avoir d'autre avancement que celui donné par la loi à l'ancienneté. — Les Députés sont, il est vrai, soumis aujourd'hui à la réélection. Mais ces réélections continuelles fatiguent les électeurs, les dégoûtent de leurs fonctions et deviendront presque impossibles, si l'on ne conserve qu'un seul collége par département. Ne serait-il pas absurde, en effet, de déplacer tous les citoyens notables d'un département, par la raison qu'un Député aura obtenu une place ou de l'avancement ?

8.

Il est de la plus haute importance de classer dans la catégorie des personnes dont les fonctions sont incompatibles avec celles de député, les citoyens attachés à la personne du Roi et aux Princes.

On pense généralement que, toujours en contact avec la famille royale, ils ne peuvent s'empêcher de conformer leur opinion à l'opinion personnelle du Roi. Cette opinion est-elle exprimée à la tribune, on se rappelle involontairement son origine présumée. On suppose, à tort ou à raison, que le Roi discute par l'organe de ses aides-de-camp et de ses intendants. Cette supposition seule peut nuire à la marche régulière du gouvernement représentatif ; le Roi, irresponsable, doit rester étranger à toute discussion, de même qu'il doit régner et ne pas gouverner.

En résumé, Messieurs les Députés, je demande :

1.º Qu'on accorde la jouissance des droits politiques à tout citoyen dont la position sociale, la profession ou les fonctions prouvent la capacité et l'instruction.

2.º Que le cens électoral ne soit plus exprimé par l'impôt, mais par le revenu réel ou la valeur réelle des propriétés, et qu'il soit abaissé au revenu réel ou à la valeur réelle, correspondant à 100 francs d'impôt.

3.º Qu'il n'y ait plus qu'un seul collége électoral par département.

4.º Que le nombre de Députés de chaque département soit fixé par une répartition du nombre total des Députés entre tous les départements, faite en raison composée de leurs populations respectives et de leurs contributions de toute nature.

5.º Que tout électeur soit éligible ; que tout au moins le cens d'éligibilité soit notablement diminué.

6.º Que les Députés ne reçoivent ni traitement, ni indemnité.

7.º Que les fonctionnaires publics soient éligibles, sauf à étendre la catégorie de l'article 64 de la loi du 19 avril 1831 ; mais qu'un Député ne puisse obtenir aucune place salariée que deux ans après l'expiration de son mandat, et qu'un Député-fonctionnaire ne puisse avoir d'autre avancement que celui donné par la loi à l'ancienneté.

8.º Qu'on comprenne dans la catégorie de l'article 64 , les citoyens attachés à la personne du Roi et aux Princes.

Agréez, Messieurs les Députés, l'expression de mon profond respect,

GUSTAVE MOREL,

ancien élève de l'École polytechnique ,
membre du Conseil général du Jura.

Arinthod, le 20 décembre 1838.

108

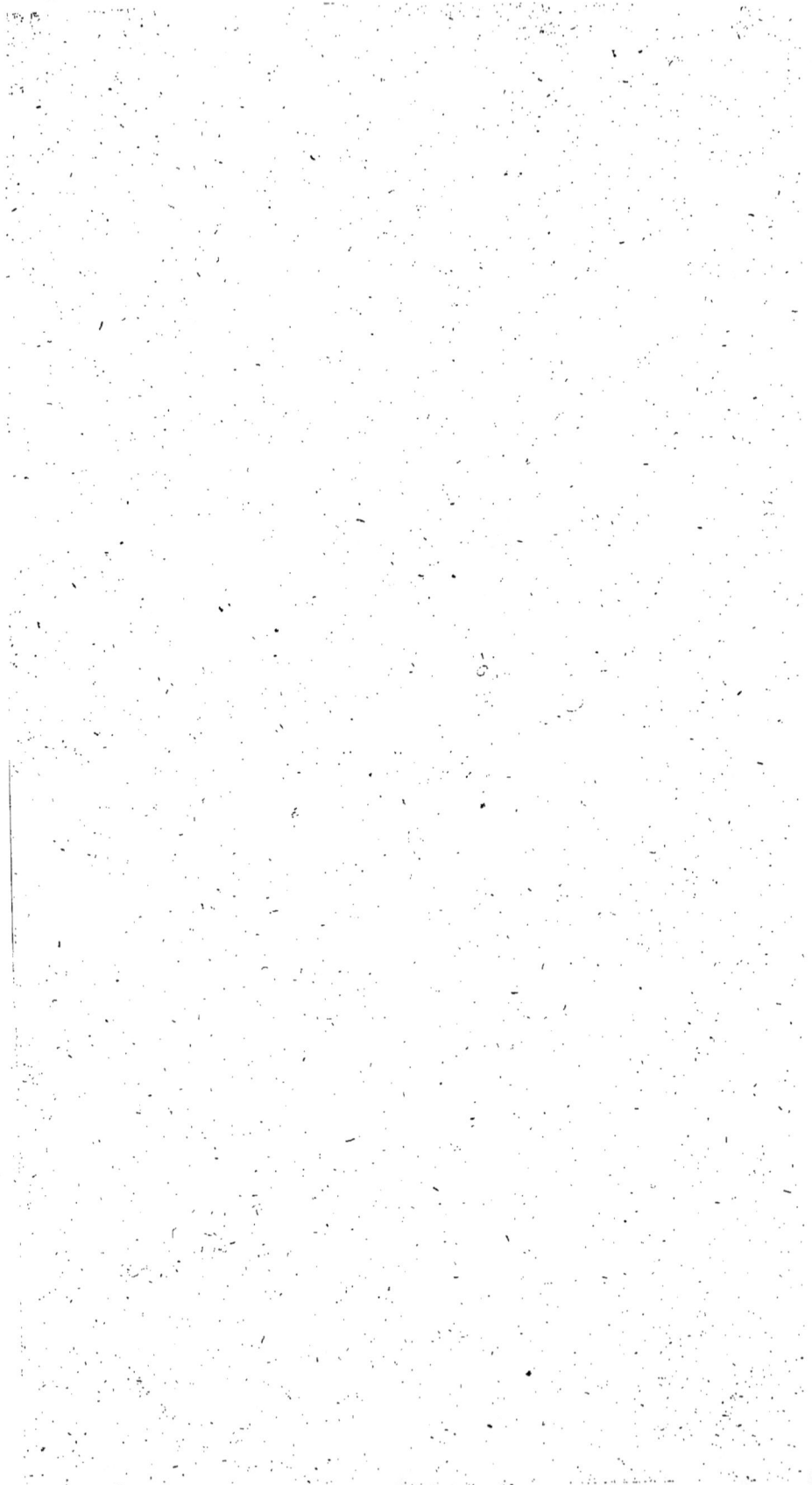

www.ingramcontent.com/pod-product-compliance
Lightning Source LLC
Chambersburg PA
CBHW050437210326
41520CB00019B/5970